Ris-Vis-Erre [Rivière]

Kkimpa

Crédit photo : Amber Bgrn.

PRÉFACE

Deviens maître de cette barque qu'est ta vie et qui file avec le courant doux mais parfois si agité de cette rivière que représente l'existence. Pris(e) par ce flot inarrêtable apprends à franchir les obstacles sur ton chemin avec force et courage. Les échecs t'enseigneront beaucoup et te permettront d'affronter les prochaines épreuves avec plus de facilité et de succès. Profite de la beauté de tout ce qui t'entoure sur ton chemin. Prends le temps de t'amarrer autant que nécessaire afin de te recentrer sur toi-même et d'établir un nouvel itinéraire de navigation si besoin. Tu pourras ainsi continuer d'avancer plus fort(e) et profiter pleinement de cette aventure incroyable.

La vie file si vite… Est si courte.
Une fois la fin proche, fais en sorte d'être en mesure de pouvoir dire que tu as vécu la vie que tu souhaitais, malgré les épreuves, obstacles, difficultés, échecs; que tu as pu vivre de fabuleux moments remplis de joie et de succès.
Pars en ayant eu la chance de savoir qui tu es vraiment, la chance de pouvoir dire que tu étais à ta place car tu auras été le(la) maître(sse), l'écrivain(e) de cette fabuleuse aventure qu'est la vie

Etre séduit(e) par la beauté d'une personne,
est si simple et si banal.
Choisis d'être face à une personne qui t'inspire, te stimule,
te défie de repenser tes idées, te challenge, t'apprend …
Là est la vraie magie !

Patiente.
Ne te contente pas de ce qui ne te rend pas pleinement heureu(x)(se).
Continue d'apprendre sur toi-même.
Continue de grandir, de nourrir et définir tes souhaits, de connaitre tes réels besoins.
Quand tu auras assimilé tout cela, le moment viendra où tu rencontreras la personne que tu as tant attendue et dont tu tomberas amoureu(x)(se).
Mais tu dois comprendre qu'il te faut d'abord apprendre à t'aimer et à te connaitre sans faux semblants.
L'attente et le travail sur toi en valent vraiment la peine, sois-en certain(e).

Liberté = Amour
Amour = Liberté

L'amour, le vrai, est liberté !

Une relation pour qu'elle soit saine, stable et durable a besoin d'amour et de liberté.
Là est la clé du véritable épanouissement mutuel.

Parfois la vie ne t'apporte pas ce que tu désires.
Ne te méprends pas; ce n'est pas parce que tu ne le mérites pas mais uniquement car elle te réserve quelque chose de bien meilleur.
Ne baisse pas les bras.
Garde à l'esprit que tout arrive pour une raison…
Tu comprendras au moment voulu et te féliciteras de n'avoir rien lâché !

Les personnes les plus heureuses dans la vie ne possèdent pas tout ce qu'il y a de meilleur.
Elles transforment ce qu'elles possèdent en ce qu'il y a de meilleur.
Deviens l'une d'elles.

Les gens font des erreurs.
Personne n'est parfait, pas même toi.
Quand cela arrive il te revient de choisir de l'accepter en pardonnant ou bien de ne pas le faire.
En revanche, il est important que dans cette réflexion tu n'oublies pas les bonnes choses que ces mêmes personnes ont faites pour toi.
Évalue la situation dans son ensemble.

Au cours de toute ta vie tu passes plus de temps à te parler à toi-même qu'aux autres.
Fais donc en sorte de le faire correctement et avec positivité.
Tu verras que cela aura un impact considérable sur ta perception du monde.

A moins de le vouloir, personne ne reste au sol.
Personne.
Tu penses aujourd'hui que c'est impossible.
Tu penses être faible, ne pas y parvenir.
Ne doute pas, tu es bien plus fort(e) que tu ne l'imagines.
Rappelle-toi ton dernier coup dur, tu l'as surmonté n'est-ce pas ? Difficilement ou non tu as réussi.
Aussi dur soit le moment que tu traverses à présent, si tu gardes en tête que chaque jour tu iras de mieux en mieux, si tu te concentres sur la lumière au bout du tunnel, sans jamais détourner ton regard, sois certain(e) que tu souriras à nouveau très vite.
Tout cela n'aura été qu'une épreuve de plus qui t'aura appris et fait(e) grandir.

Arrête de te concentrer uniquement sur ce que tu n'as pas.
Commence plutôt par apprécier à leur juste valeur les choses déjà en ta possession.
Le bonheur ne réside pas dans la quantité mais dans la qualité.
Sois chaque jour reconnaissant(e) de ce que la vie t'apporte.

Les personnes qui t'ont blessé(e) te permettront de te rendre compte de la personne magnifique que tu es.
Tu prendras conscience de ta véritable valeur personnelle.
Au travers des personnes qui t'ont rejeté(e) tu prendras conscience des blessures intérieures que tu dois commencer à guérir pour avancer.

Ne sois pas avec cette personne, si c'est pour combler un vide qu'elle n'a jamais réussi à combler par elle-même.
Ne sois pas la réponse à sa solitude mais une bénédiction à sa vie déjà bien remplie et épanouissante.
Ne sois pas avec elle, si c'est pour être l'endroit dans lequel elle pourra cacher ses peurs et insécurités sans jamais les affronter. Affronte-les avec elle.
Ne sois pas avec elle, si cela signifie, être son tout, qu'elle n'est pas capable de vivre sans toi.
Ne sois pas l'unique raison de ses réveils le matin mais la raison qu'elle le fasse avec sourire et joie.
Tombe amoureu(x)(se) d'une personne qui était déjà complète avant ton arrivée, qui savait qui elle était et ce qu'elle voulait.

Prends conscience que la vie est constamment en train de t'enseigner quelque chose.
Avance et vis sans regrets.
Tu n'auras pas de deuxième occasion de le faire.
Toute cette aventure n'est à priori pas un entraînement.
La magie réside dans le fait que chaque matin est un nouveau départ.
Profites-en pour te créer la vie que tu souhaites !

De temps en temps, pose-toi et prends le temps de réfléchir au chemin que tu as déjà parcouru.
Sois fier(e).
Tu as tellement évolué.
Tu as réussi à surmonter tant d'épreuves qui t'ont rendu(e) si fort(e).
Exprime ta gratitude et sois sûr(e) que le meilleur reste à venir.

Arrête d'attendre le bon moment, il n'existe pas.
Une simple décision peut changer toute ta vie.
Alors prends-la.
Prends des risques car c'est exactement ce dont tu as besoin pour avancer.

Ta vie se déroule au présent.
Pas au passé. Ni au futur.
Profite de ce que tu as à l'instant T, tout en ayant hâte de ce qui t'attend.

Essaie,
Jette-toi à l'eau,
Prends des risques.
N'aie pas peur de l'échec.
Même si tu échoues, tu en sortiras grandi(e) et
tu auras appris.
Il n'y a pas de succès sans échec.
Tu apprends bien plus et mieux avec lui.
Ne l'évite pas, il fait partie de ton aventure sur cette Terre.
Il est primordial pour ton évolution.
Ne le redoute pas, aie confiance, tu sauras le gérer.

Si tu ne peux pas contenir ton ego et ta fierté et que tu agis
sans cesse comme si tu avais réponse à tout,
tu n'apprendras jamais rien.
Sois humble et accepte de ne pas tout savoir et d'avoir
parfois besoin d'explications.
Tu verras que ta vie deviendra bien plus enrichissante.

Ne ressens jamais de culpabilité quand tu décides de fermer
la porte à ceux pour lesquels tu l'as laissée ouverte si
longtemps, en vain.
Ils n'ont pas su saisir leur chance.
C'est leur problème et non le tien.

Toutes les personnes que tu feras entrer dans ta vie ne te
blesseront pas comme certaines ont pu le faire.
Ne leur fais pas payer les erreurs des autres.
Arrête de laisser ton passé fausser ton futur.

Respecte-toi et aie la force nécessaire pour tourner le dos à tout ce qui ne te convient plus, ne te sert plus, ne te fait plus grandir et ne te rend plus heureu(x)(se).
Tu mérites uniquement le meilleur.

La vie t'a donné quelque chose de formidable pour t'aider à avancer : ton intuition.
Nombreux sont ceux qui la négligent, font mine de ne pas l'entendre.
Avec le recul tu te rends compte toi aussi du nombre de fois où elle a tenté de te mettre en garde. Tout ton corps, au travers d'elle, t'envoyait des signaux.
Consciemment, tu as pourtant décidé de ne pas l'écouter.
Ne fais plus cette erreur.
Sers-t'en, écoute-toi.
Tu connais la bonne direction !

Le pouvoir des mots est immense.
Ils peuvent détruire tout comme aider à la construction de soi, de l'autre.
Travaille donc ta mesure : n'en dis pas trop, ni trop vite ou trop peu.
Stoppe les critiques et jugements envers toi-même et les autres.
Il est temps de devenir responsable de tes paroles et d'en faire des affirmations positives et encourageantes.

Il n'est jamais trop tard,
tu n'es jamais trop âgé(e),
ou dans la mauvaise situation,
pour avoir un nouveau but ou rêver d'une nouvelle vie.

Commence, recommence !

Toute ta vie est le reflet des décisions que tu as prises.
Si elle ne te convient pas, modifie tes choix.
Tout est possible !

L'intégrité te mènera au succès.
Choisis de faire partie de ces personnes intègres, qui font preuve d'honnêteté avec les autres et elles-mêmes.
Elles agissent de manière juste et cohérente avec leurs valeurs et croyances.
Cela te demandera parfois du courage.
Mais sois certain(e) que ton intégrité te permettra de participer à un monde meilleur et d'être respecté(e) pour cela.

Le pouvoir de l'esprit est très grand.
Sache qu'il ne fait pas la différence entre ce qui est déjà arrivé ou non.
Prends donc le temps de visualiser et de ressentir toutes les émotions liées à un changement heureux que tu souhaites voir se réaliser. Fais-le comme s'il avait déjà eu lieu, que tu ne faisais que t'en souvenir.
Tu créeras ainsi l'énergie nécessaire pour que ce changement se produise réellement.
Essaie, tu verras.
#loidelattraction

Tu attires ce que tu es.
Ton défi sur cette Terre est donc de ne pas te fondre dans un moule façonné par la société comme étant un idéal pour tous.
Cet idéal ne te correspond peut être pas.
Tu es unique et c'est ce qui fait ta force.
Trouve qui tu es vraiment et deviens la meilleure version de toi-même.
Tu obtiendras ainsi la vie faite pour toi et qui te rendra heureu(x)(se) !

Il n'existe pas d'action ou d'émotion unique qui
conviendrait à chaque fois à une situation précise.
Ce serait bien trop simple !
Nous sommes complexes et en apprentissage constant.
Accepte le challenge.
L'inconnu est effrayant mais excitant.
Aie confiance !

Cesse de vouloir trouver des réponses auprès de ceux qui t'ont quitté(e).
Tu peux leur poser des questions mais il est malheureusement fort possible qu'ils ne sachent pas y répondre.
Tu n'y gagneras alors que de la confusion et des questionnements bien plus profonds.
Laisse-les régler leurs propres problèmes de leur côté.
Tu mérites d'être heureu(x)(se).
Souviens-toi que tu n'as pas besoin que la personne qui t'a blessé(e) te convainc d'être l'être formidable que tu es.
Prends-en conscience seul(e).
Aime-toi et ce, de manière inconditionnelle,
car personne ne pourra aussi mieux le faire que toi.

On pense souvent que si l'on ne parvient pas à maintenir une relation, cela signifie ne pas être à la hauteur, être moins méritant que d'autres …
Alors que nous pensons avoir fait le nécessaire et avoir bien agi.
Sache que parfois, tu es si fantastique et rare, que certain(e)s ne savent pas comment agir face à toi et gâchent malheureusement tout avant d'avoir trouvé la solution.

Tu mérites une personne qui t'aime et s'engage pleinement pour toi tous les jours.
Et non qui en prend conscience lorsque tu décides de partir, car trop c'est trop.

Beaucoup n'ont jamais connu l'amour authentique.
Celui responsable, sain et mature.
Celui qui te rend serein(e) et calme. Et non euphorique ou angoissé(e).
Celui qui ne se résume pas aux rdv romantiques, moments heureux et fous rires mais qui est également fait de moments difficiles à surmonter à deux.
Celui qui n'est pas une promesse de ne plus faire d'erreurs mais de ne pas en faire dès le début.
Celui qui n'est que vérités et non mensonges.
Celui qui te fait accepter l'idée d'être en désaccord avec l'autre, car il est normal d'avoir ses propres opinions.
Cet amour n'est pas parfait, la perfection n'existe pas.
Cet amour est vrai !

Rien n'est plus satisfaisant que lorsque tu réalises que tu as enfin atteint le stade où tu t'aimes réellement.
Tu le sais notamment lorsque, sans difficulté, tu parviens à laisser partir de ta vie les personnes qui le souhaitent et que tu te préoccupes uniquement d'avancer sans ressasser le passé.
Commence maintenant si ce n'est pas déjà le cas !

Ne te renferme pas.
Exprime-toi, communique.
N'aie pas peur de le faire à cause de la réaction des autres, du jugement ou du rejet.
Sois fier(e) de celui/celle que tu es, de ce que tu ressens, de tes idées et positions.

Si tu penses rencontrer sans cesse la même situation, le même schéma, sache que c'est uniquement parce que tu n'as pas appris la leçon que la vie tentait de te faire assimiler.
Tu reproduis encore et encore les mêmes erreurs sans tirer aucune leçon du passé.
La vie continuera donc à te présenter la même leçon sous différentes versions encore et encore.
Arrête de perdre ton temps et commence à apprendre !
Tu verras très rapidement que tout commencera à changer dans le bon sens pour toi.

Cesse de garder en tête cette ancienne relation qui n'a pas fonctionné.
Il est temps de passer à autre chose, tu ne penses pas ?
Au fond, elle ne te correspondait pas, tu le sais bien.
Il est temps de le réaliser et de la laisser à sa place : dans le passé.
Sans ça, la relation épanouissante qui n'attend que d'entrer dans ta vie, restera sur le seuil de ta porte car tu ne lui auras pas laissé l'espace d'y entrer.

Réfléchir à outrance est une perte de temps et d'énergie.
Cela affectera ton bonheur et tes opportunités.
Pense tes projets, définis- les, établis ton plan d'action et lance-toi.
Fais-toi confiance.
Tu ne peux pas tout contrôler.
Arrête d'attendre que tout soit parfait, la perfection n'existe pas. Agis !

Les personnes qui se connaissent et ont confiance en elles,
dégagent une énergie particulière.
Elles sont comme magnétiques, magiques, envoûtantes.
Deviens l'une d'elles !

Lorsque tu fais partie de ces personnes qui ont un grand cœur et donnent sans demie mesure, il faut que tu saches que pour être réellement heureu(x)(se) tu dois apprendre à dire stop quand cela est nécessaire.
De manière naturelle, tu vas t'occuper des autres quand tu ne devrais pas, tu vas rester bien plus longtemps que tu ne le devrais et tu vas donner même lorsque tu ne possèdes rien.
Il est temps que tu saches t'arrêter au bon moment et que tu laisses les choses se faire sans te sentir coupable.
Tu ne peux pas sauver les autres, ils doivent apprendre à se sauver eux-mêmes d'abord pour que ton aide serve à quelque chose.
Sans ça, tu perds ton énergie et gâches ton propre bonheur.

Fais partie de ces personnes qui savent contenir leur ego.
Qui savent reconnaitre quand elles ont tort et savent présenter leurs excuses tout en changeant réellement et durablement de comportement pour la suite.
Là est la vraie force intérieure.

N'attends pas des autres qu'ils devinent ce que tu peux leur reprocher.
Quand tu penses qu'ils ont tort dis-leur.
S'ils te blessent, dis-leur.
S'ils ne sont pas mis au courant comment peux-tu attendre d'eux un changement ?

Guérir d'une blessure est un choix.
Tu dois le vouloir sincèrement et profondément pour y parvenir.
Tu dois prendre conscience que tu mérites d'être libéré(e) de cette peine qui t'enferme.
Tu mérites de te décharger de ce lourd poids sur tes épaules que tu portes depuis si longtemps
Crois en toi, tu vas y arriver !

Je n'ai jamais rencontré une personne forte avec un passé facile. Les épreuves sont faites pour t'endurcir.

Laisse-les te juger, ne pas te comprendre, te critiquer.
Leur opinion à ton sujet n'est pas ton problème.
Tu n'as pas à leur prouver qui tu es et encore moins à devenir un(e) autre pour les impressionner.
Reste toi-même.
Ne laisse jamais rien ni personne te faire douter de la beauté de ton âme.
Continue de briller car tu es magique.

Il est possible que ça n'ait rien à voir avec le timing qui a été mauvais ou le fait que vous n'étiez pas prêts ou encore à des stades différents de vos vies.
Il est possible que, peu importe la situation et le moment où vous vous seriez rencontrés, tout se soit passé de la même manière …
Vous n'étiez peut-être pas supposés être l'un avec l'autre…
Au fond de toi tu le sais.
C'est peut-être difficile à accepter mais c'est ainsi.
Alors arrête de refaire l'histoire dans ta tête sans cesse, la personne faite pour toi est en chemin !

Arrête de te préoccuper des autres, de les envier, de prêter attention à ce qu'ils font ou ce qu'ils peuvent dire de toi.
Ton bonheur n'est pas là.
Concentre-toi sur la personne formidable que tu es, sur ce que tu as accompli jusqu'à aujourd'hui et réjouis-toi !

Le chemin vers l'amour de soi et donc le bonheur réside sûrement dans cette simple petite phrase :

« J'arrête de me contenter de moins que ce que je mérite. »

Répète-toi cela aussi souvent que nécessaire et apprécie le changement qui en découle !

Le véritable amour ne disparait pas.
Parfois, il se perd dans l'égo ou la fierté, la confusion ou l'incompréhension mais c'est uniquement temporaire.
Il a juste besoin de prendre l'air avant de revenir encore plus fort !

Tu n'es pas plus étrange qu'un(e) autre, ni plus vide ou inintéresant(e).
C'est uniquement que, parfois, certaines relations ne sont pas faites pour durer.
Certaines personnes ne sont pas faites pour être les tiennes mais entrent dans ta vie uniquement pour t'apprendre l'importance de t'aimer en premier.
Alors prends le temps d'assimiler cette leçon car c'est ainsi que ta guérison commence.

Si c'est réel, cette personne ne te laissera pas filer à jamais.
Si vous êtes réellement faits pour être l'un avec l'autre, elle recroisera ta route. Peu importe la distance que tu auras déjà parcourue, elle sera là de nouveau. Sois-en certain(e).
En attendant ce moment, il n'est donc pas nécessaire de t'en faire, ni d'arrêter de vivre.
Continue ta route et lâche prise.
Laisse la vie faire le reste !

Aussi douloureuse et cruelle qu'ait été la blessure ou la trahison que l'autre t'a infligée, ne la laisse pas faire de toi une personne froide et sans cœur.
Ne la laisse pas te changer en une personne incapable d'aimer de nouveau.
Ne la laisse pas te briser.
Tu es tellement plus que cela et mérites tant.
Continue de briller même si pour l'instant tu es dans la pénombre.
La lumière reviendra très vite, sois en certain(e).

Ton stress provient uniquement de l'incertitude que tu as concernant les résultats futurs de tes actions présentes.
La vérité est que rien dans la vie n'est certain, strictement rien.
C'est ce qui rend cette aventure aussi excitante qu'effrayante !

Tes émotions ne doivent pas être tes ennemis.
C'est ton incapacité à les gérer qui représente un obstacle et non l'émotion qui n'est ni bonne ni mauvaise.
Les contrôler n'est pas possible et serait contre productif à ton bien-être.
En revanche, tu dois apprendre à les maitriser.
Cela te demandera une profonde concentration intérieure pour acquérir le recul et la stabilité nécessaires à leur gestion.
Fais-toi confiance, tu en es parfaitement capable.

La chose la plus douloureuse et à la fois la plus insensée, est de se perdre soi-même en raison de l'excès d'amour donné à l'autre.

Fais-en sorte de connaitre toute l'histoire avant de tirer des conclusions.
Au lieu que tes hypothèses débouchent sur de fausses croyances, interroge, questionne.
Mais pour pouvoir le faire il te faut apprendre à écouter et être capable d'entendre...

Celui qui n'a jamais pris le temps d'être seul avec lui-même ne se connait pas.
Et celui qui ne se connait pas redoute la solitude.
Solitude qui n'existe pourtant pas. Car ce qu'il y a à l'intérieur de chacun d'entre nous est si riche et puissant qu'il suffit d'en prendre conscience pour réaliser que nous nous suffisons à nous-mêmes.
L'autre ne doit être qu'un plus à ajouter à notre âme déjà complète.
Une fois que tu as compris cela, plus rien ne t'effraiera.

Arrête de croire qu'aimer est forcément douloureux, ça ne l'est pas.
Ce n'est pas de l'amour si cela te rend plus faible que fort.
Ce n'est pas de l'amour si tu dois te battre pour être aimé(e).
Ce n'est pas de l'amour si cela entraine que tu aimes l'autre plus que toi-même.
Ce n'est pas de l'amour si tu ne te décides pas à arrêter de faire de l'autre ton unique raison de vivre.

Ta gratitude soulagera ton anxiété.

Guérir tes blessures prend du temps.
Si cela nécessite de te recentrer sur toi-même en refusant quelques sorties entre amis, alors fais le.
De te déconnecter de ce monde virtuel, alors fais le.
D'accepter d'être un temps vulnérable, alors accepte le.
Ne te mens pas à toi-même et ne fais pas semblant avec les autres.
Investie toute ton énergie dans ton processus de guérison avec patience et compassion. Mais agis pour changer la donne.
Ne reste pas bloqué(e) dans le déni car tôt ou tard tes blessures non soignées te rattraperont….

Parfois, tu crois si fort au potentiel de quelqu'un que tu ignores complètement s'il le voit en lui-même.
Tu te dis qu'il sera meilleur, que tu l'aideras à l'être.
Mais pourquoi t'obliges-tu à faire cela tout en occultant la négligence que tu t'infliges à toi-même ?
Cesse d'essayer de rendre quelqu'un d'autre meilleur pendant que tu souffres.
Commence plutôt par reconnaitre ton propre potentiel.

Cesse de t'excuser d'être toi-même.
Tu es magique et rare, il est temps de le réaliser.

Tu es la seule et unique personne capable de te relever.
Ça l'a toujours été, il est temps que tu le réalises.
Arrête de confier cette responsabilité à d'autres car ils n'y parviendront pas.
Tu dois être ton principal soutien.

Sois le genre de personne qui sourit aux autres même si ton sourire ne t'est pas rendu.
Sois de celles qui n'envient pas mais qui au contraire se réjouissent de la réussite d'autrui.
Sois de ceux qui n'ont pas peur de défendre ce qui est juste même si cela signifie de se retrouver seul face aux autres.
Sois de ces personnes qui donnent sans attendre en retour mais connaissent la limite.
Cela fera alors de toi une personne qui a compris que toutes tes réactions envers l'autre ne dépendent pas d'eux mais uniquement de toi.
Reflète la personne formidable que tu es.

Tout le monde croira en toi quand il sera facile de le faire. Mais seules les personnes spéciales, pour lesquelles tu comptes réellement, le feront quand les autres douteront. Ne te sépare jamais d'elles.

Ne pense pas que, parce que tu n'avances pas aussi vite que tu le souhaiterais, tu ne fais aucun progrès.
C'est faux, sois patient(e).
Continue d'avancer en ne lâchant rien et en ne perdant jamais confiance en toi.
Tes efforts paieront.

Choisis d'être inspiré(e) au lieu de jalouser.
Ta jalousie pourrait bien être le reflet de la frustration que tu ressens face aux rêves que tu n'as pas encore réalisés.
La plupart du temps par peur de te lancer.
Donc au lieu de jalouser ceux qui ont eu le courage de le faire, inspire-toi d'eux afin de concrétiser ce que tu souhaites depuis toujours.
Ils ont cru en eux, à ton tour de croire en toi.

Tu pensais que l'amour pour cette personne t'avait fait accepter le fait qu'elle te néglige.
Une fausse croyance que tu as crue dur comme fer.
L'unique raison d'être resté(e), au lieu de partir pour obtenir ce que tu mérites, était le manque d'amour que tu avais pour toi-même.

La plus grosse erreur serait peut-être de penser que l'amour signifie trouver la bonne personne. En réalité, l'amour est de devenir la bonne personne.
Ne cherche pas la personne avec laquelle tu veux passer toute ta vie, deviens celle-ci.
L'autre viendra alors naturellement à toi pour embellir ce qui est déjà fantastique.

Lorsque les mauvaises personnes quittent ta vie, ce que tu mérites et a toujours attendu arrive à toi.
Fais confiance à ce qui entre et sort de ta vie.
Lâche prise !

Rares sont les personnes qui réussissent exactement comme elles le souhaitaient dès le premier essai.
Il est même fort possible que personne n'y parvienne.
Tu auras besoin de plusieurs essais pour atteindre ton but et c'est normal car c'est le seul moyen de t'améliorer.

La vérité est que de faire entrer une personne dans ta vie est compliqué.
Aucun de nous n'est à 100% facile à vivre et à fréquenter h24, 7j/7. Nous avons tous notre part d'ombre, « nos vices » et particularités qui font de chacun d'entre nous des êtres uniques.
Il n'est pas honnête de prétendre pouvoir tout aimer chez l'autre. C'est impossible.
Le sujet n'est pas de trouver la bonne personne, nous sommes celle-ci, ni de vivre dans un conte de fées, mais de trouver quelque chose chez l'autre qui nous donne envie de nous investir autant qu'il/elle le souhaite.
Car il est fort possible que tout ne soit qu'une question de travailler ensemble à ce bonheur commun sans ne rien lâcher.

Tu ne peux pas contrôler la façon dont les autres perçoivent et reçoivent ton énergie.
Tout ce que tu fais et dis est filtré en fonction de ce qu'ils traversent à ce même moment.
Cela n'a rien à voir avec toi.
Ne le prends pas personnellement et continue d'agir avec bienveillance et intégrité.

Ne confonds pas patience et perte de temps …

Parfois, les gens entrent dans ta vie pour t'apprendre à aimer.
Parfois, ce sera pour t'apprendre quand il ne faut pas le faire. T'apprendre à ne pas te contenter de peu, ni à te façonner pour entrer dans une petite case qui n'est pas faite pour toi.
Oui certains partiront, mais les leçons qu'ils t'auront permis(e) d'apprendre, resteront quant à elles pour toujours.

Ne sois pas impressionné(e) par le statut et l'argent d'une personne.
Sois impressionné(e) par sa façon d'agir avec les autres.

T'aimer à ta juste valeur te fera reconnaitre lorsqu'une autre personne t'aimera sincèrement.

Nombre d'entre nous ont fait, font ou feront cette erreur : aimer l'autre pour ce qu'il/elle pourrait être et oublier d'aimer ce qu'il/elle est aujourd'hui.
Cet amour est toxique.
Tu te retrouves dans une situation dans laquelle tu es malheureu(x)(se) car déçu(e) de tout donner pour que finalement cette personne n'atteigne pas le potentiel que tu avais pourtant vu dès le premier jour.
Tu ne comprends pas. Tu perçois cela comme du gâchis.
Et en face de toi, cette personne est blessée, se sent sous une pression constante, pas à la hauteur…
Ne te crée pas ou plus de déception amoureuse basée sur une potentielle réalité future : aime le/la au présent.

N'ajoute pas à ton entourage des personnes qui ne sont pas capables d'être responsables de leurs actions et qui te font culpabiliser d'être en colère contre elles lorsqu'elles ont mal agi.
Elles sont toxiques pour toi, restes-en éloigné(e).

Ne sois pas la personne qui lui manque lorsqu'il/elle est seul(e) le soir.
Sois celle qui lui manque en journée quand il/elle est occupé(e) avec ses amis mais que son unique envie est d'être seul(e) avec toi.

Si tu penses que cela ne fonctionnera pas, tu n'y verras que des obstacles.
Alors que si tu penses que tout se déroulera comme prévu, tu n'y verras que des opportunités.
Choisis ton camp.

Ta capacité à rebondir à la suite d'un échec définira ta réussite future.

Certaines portes te sont fermées aujourd'hui.
Elles ne le sont pas par fierté, incapacité ou arrogance, mais uniquement car elles ne te mèneraient nulle part.
Cesse donc de perdre ton temps à vouloir les ouvrir à tout prix.
Regarde ailleurs, au fond de toi, le bon chemin t'y est indiqué.

Parfois, à trop vouloir obtenir quelque chose, tu grilles des étapes et presses la situation.
Tu te retrouves finalement ralenti(e) dans ta progression.
Apprends à ne pas te précipiter pour atteindre ton objectif.

Ton désespoir n'est qu'un sentiment temporaire et non une vérité sur le long terme.
Garde la tête hors de l'eau ; respire, avance, concentre toi sur le rivage ; tu l'atteindras bientôt, c'est une promesse.

Il est important que tu sois entouré(e) des bonnes personnes.
Mais es-tu toi-même cette personne en retour ? Partages-tu ton savoir, ta joie, ta lumière, ta sérénité avec les autres ?
Es-tu de celles qui les challengent, les encouragent et les aiment ?
Es-tu capable d'être l'exemple de toutes les choses que tu souhaites différentes dans le monde ?
Si la réponse est non, commence alors dès aujourd'hui !

Tu es assez.
Tu es important(e).
Tu es fantastique.
Même après avoir tout donné, t'être battu(e), avoir pardonné; tu dois comprendre que si la personne pour laquelle tu as fait tout cela ne te retrouve pas à mi chemin de cette route parcourue pour réparer le lien rompu, cela n'est pas de ta faute, ni même un reflet de ta valeur.
Tu es formidable et mérite d'être aimé(e).
N'en doute jamais.

Tu ne peux pas changer les autres. Tu ne peux pas les faire rester. Ni même les faire t'aimer ou se battre pour toi.
Ainsi est la vie, tu ne peux pas tout contrôler.
En revanche, tu peux et dois faire de ton mieux.
Puis faire confiance à la vie pour le reste.

La société dans laquelle nous évoluons essaie tous les jours de nous faire croire que nous avons besoin d'améliorer notre physique, d'avoir cette dernière super voiture, ces derniers vêtements tendances, d'être comme cet(te) influenceu(r)(se).
Ne te fais pas avoir, tout cela n'est vraiment pas nécessaire.
Cela ne représente rien de réel.
Tu es parfait(e) tel(le) que tu es.
Cultive la flamme qu'il y a au fond de toi, plutôt que les braises qui volent devant tes yeux.

Trouve quelqu'un qui n'a pas peur de tomber amoureu(x)(se) de toi, qui ne souhaite rien d'autre que te donner à la hauteur de ce que tu lui donnes.

Pardonner n'est pas synonyme de faiblesse.
En pardonnant, tu ne laisses pas l'autre prendre le contrôle ou le dessus bien au contraire.
Tu reprends le pouvoir en ne laissant pas la situation te consumer de l'intérieur à petit feu.
Pardonner, c'est refuser que la personne qui t'a blessé(e) continue de le faire en attisant ta colère.
Pardonner, n'implique pas forcément de la laisser rester dans ta vie.
Pardonner, c'est comprendre que tu mérites mieux et que tu décides de guérir et d'avancer.
Ce n'est pas facile, c'est même l'une des leçons les plus difficiles de la vie.
Mais il est important que chacun de nous essaie encore et encore jusqu'à y parvenir.
En être capable, c'est nous rendre libre.

La chose la plus courageuse que tu puisses faire est de te lever tous les matins pour essayer de nouveau, peu importe la difficulté et la peine.
Ne lâche rien.

Tu seras heureu(x)(se), mais d'abord la vie souhaite que tu deviennes une personne forte et résiliente.
Afin que tu puisses vivre pleinement et non subir.

Parfois pris par tes propres soucis tu en oublies que d'autres traversent aussi des moments difficiles.
Il est important que tu ne l'oublies pas, car cela te permettra de te sentir moins seul(e) dans la bataille que tu mènes contre ta douleur et de relativiser.
Ton expérience peut en aider d'autres à guérir, et inversement. Alors ne reste pas dans le silence, n'affronte pas cela tout(e) seul(e).

Et si la vie c'était d'accepter que rien n'est parfait ?
D'accepter ses imperfections et celles des autres et de savoir aimer malgré cela.
D'accepter l'incontrôlable et l'inconnu … et d'aimer tout de même cette incroyable aventure.

Il/elle était hésitant(e) quand de ton côté tu étais
sûr(e) de toi.
Tu mérites bien mieux.

Avoir le courage de quitter ce que tu ne souhaites pas, ne te convient pas, ne te rend pas heureu(x)(se), est le premier pas sur le chemin qui te mènera à ce que tu désires et mérites vraiment.

Tu donnes sans attendre en retour, là est la vraie bonté.
Continue, mais n'accepte pas de tout donner
sans rien recevoir.
Ne laisse pas ces gens qui font si peu pour toi définir tant de choses dans ta vie.

Tout est possible … réellement tout.

Ne sois pas de ceux qui sont si pressés de tomber amoureux, qu'ils construisent une relation basée sur une simple attirance physique et non un lien émotionnel.
Même s'ils sont conscients que la personne qu'ils fréquentent ne comble pas leurs souhaits et attentes, ils se disent que c'est mieux que rien.
Apprends à t'aimer et tu ne ressentiras plus jamais que, pour être complet(e), tu as besoin d'être aimé(e) par quelqu'un d'autre qui ne te correspond même pas.

L’erreur est de ne pas vouloir en faire.

La persévérance et l'audace te mèneront bien plus loin que la rapidité et la force.

Ta peur de l'échec te fait douter, tu hésites sans cesse entre sauter le pas ou ne pas le faire.
Sache que le doute te détruit intérieurement et ne t'apprend rien, quand l'échec t'élève.

Malheureusement, tu continueras à être blessé(e) par
d'autres tout au long de ta vie.
Mais il te faudra différencier ceux qui le font
intentionnellement de ceux qui le font indirectement,
sans le vouloir.
Écarte ensuite ceux de la première catégorie et pardonne
aux autres s'ils tentent par tous les moyens de rattraper leur
erreur.

N'aie pas peur de montrer tes faiblesses et défauts à la personne que tu aimes. Car si elle reste, même en connaissant ta part d'ombre, tu sauras qu'elle en vaut la peine.

Il arrivera un jour où tu passeras enfin à autre chose.
Tu n'auras pas d'autre choix; ton esprit et ton corps seront fatigués d'être bloqués dans cette situation. Ils te forceront à ne pas y rester pour toujours.
Tu choisiras alors de t'aimer à nouveau, de te choisir toi avant tout autre chose, de récupérer ton cœur pour le remettre à sa place, dans ta poitrine et non à ses pieds.
Tu te promettras de ne plus jamais autant pleurer pour quelqu'un qui n'en valait pas la peine.
Puis tu réaliseras que la personne à plaindre depuis le début n'était pas toi mais uniquement lui/elle qui aura perdu pour toujours la personne formidable que tu es.

Tu ne souhaites pas qu'il/elle soit de retour dans ta vie.
Ce que tu souhaites c'est le retour de la personne qu'il/elle t'a promis d'être.
C'est une illusion qu'il est temps de laisser filer.

Te souviens-tu que tu as déjà été dans cette situation : entre le combat et l'abandon, le passé et le présent, la lumière et l'obscurité ?
Te rappelles-tu que la peine et la lutte étaient bien plus difficiles dans le passé ?
Cela signifie que tu as grandi, tu es plus fort(e) car tu as appris. Réjouis-toi et continue d'avancer.

Etre patient(e) et faire confiance à la vie ne veut pas dire rester inacti(f)(ve) !
Si tu souhaites un changement tu dois travailler pour l'atteindre et l'obtenir.
Tu ne peux pas espérer que quelqu'un le fasse pour toi.
Cela n'arrivera pas.
Peu importe le Dieu que tu pries ou tes demandes faites à l'Univers rien ne se produira si tu n'agis pas également de ton côté.

Le bonheur se trouverait peut être dans un endroit que l'on pourrait appeler : suffisance.
Dans lequel l'instant présent serait suffisant, dans lequel nous serions suffisants, dans lequel l'amour serait suffisant, dans lequel les personnes qui font partie de nos vies seraient bien plus que suffisantes.
Cet endroit là serait bien plus authentique et beau que le monde actuel qui nous incite à toujours vouloir plus.

Hier est passé, demain n'est pas encore arrivé.
Ta vie et ta capacité à créer c'est ici et maintenant.

Il y aura toujours des personnes plus fortes que toi, plus préparées, avec plus de choses en leur possession, plus financièrement stables etc. …
Si tu te compares à eux sans cesse, si leur richesse, bonheur ou succès est pour toi une base de mesure pour évaluer les tiens, alors sois certain(e) que tu ne seras jamais satisfait(e).
Tu penseras toujours avoir moins, être moins bien.
Concentre-toi sur ce que tu as déjà.
Etablis tes propres objectifs et buts en fonction de toi uniquement, de tes propres besoins et souhaits.
Cette vie est la tienne et celle de personne d'autre.

Ne perds pas ton temps ni ton énergie avec des personnes qui n'ont pas pris conscience de ta valeur.
Si elles ne te donnent pas le temps et l'attention que tu mérites, si elles te font constamment ressentir de l'inquiétude et de l'insécurité, si la relation est plus faite de soucis que d'attentions, pars.
Tu ne mérites pas cela.

Concentre-toi sur ceux qui apportent autant d'attention et d'énergie positive à ce monde qu'à leur propre personne.
Nourris des relations avec ceux qui t'aident à te construire comme ils se sont construits eux-mêmes.
Entretiens des liens avec des personnes qui t'inspirent, te challengent.
Entoure-toi de personnes qui t'aiment et s'aiment de manière inconditionnelle en retour.

Tu t'envoleras et tu tomberas.
Tu auras et tu perdras.
Tu retiendras et tu laisseras partir.
C'est ainsi qu'est la vie. Respire tout ira bien !

Cesse de croire qu'il/elle est une bonne personne pour toi,
alors même qu'il/elle te prouve constamment le contraire.

Remercie cette personne de t'avoir appris à te perdre car grâce à cela tu as enfin appris à te retrouver.

Les cicatrices existent pour une raison.
Elles sont le résultat indolore de nos blessures.
Elles sont là pour nous rappeler ce que nous avons traversé,
pour ne jamais oublier les leçons que nous avons apprises
de ces moments difficiles.

Tu auras toi aussi ce jour que nous avons tous tôt ou tard.
Celui où tu prendras conscience de ce que tu mérites et ne mérites pas.
Ce jour qui rendra tous les autres différents.

Rappelle-toi ces moments que tu définis comme étant les plus heureux à ce jour.
Souviens-toi, que même lorsque tu les avais imaginés, quand ce fût le cas pour certains car la plupart ne furent que pure surprise, ils étaient bien moins merveilleux et intenses que dans la réalité.
Les meilleurs moments de ta vie sont devant toi.

T'être endormi(e) avec le cœur brisé et te réveiller le lendemain avec cette douleur, a probablement été l'un des moments les plus difficiles à traverser.
Ce sentiment qui coupe ton premier souffle, te donne envie de te rendormir jusqu'à ce qu'il disparaisse.
N'oublie pas que tu es bien plus fort(e) que tu ne l'imagines.
Tu arriveras à te relever.
Cela prendra peut être du temps, ne sera pas simple.
Mais tu y arriveras et tu seras fier(e) d'avoir posé un pied à terre tous ces matins-là pour continuer d'avancer malgré la peine. Plutôt que d'avoir choisi de te rendormir en espérant que cela passe.

Cela te demandera beaucoup de force mentale pour te reconnecter à toi-même, calmer ta tempête intérieure, guérir toutes tes blessures sans essayer de mettre quelqu'un dans ce chaos.
Tu dois y parvenir seul(e).
Tu y arriveras, fais-toi confiance.

N'oublie jamais que la vie est cyclique; chaque fin est le commencement d'autre chose.

Avoir aimé une personne qui a finalement réalisé que tu n'étais pas son futur, ne fait pas de toi un(e) idiot(e).
Avoir donné ton cœur à celui/celle qui n'a pas su t'aimer intensément en retour, ne fait pas de toi une
personne faible.
Avoir été avec quelqu'un qui n'est pas resté, ne fait pas de toi une personne qui n'en vaut pas la peine.
Cela arrive, à chacun de nous. Et continuera d'arriver car cela fait partie du processus qui t'apprend et te prépare à ce qui est réellement fait pour toi.
Ne reste pas là-dessus, retiens les leçons et avance.

Trouve le juste milieu entre écouter ton cœur et ta tête.
L'équilibre de la balance sera différent pour chacun de nous et, au regard de chacune des situations que nous rencontrerons.

Cesse de croire ou n'accepte pas que l'on puisse te faire penser que ta situation sentimentale définit qui tu es. Célibataire, marié(e), en couple, avec ou sans enfants, sont des descriptions et non des identités.

Tu obtiens la vie que tu souhaites quand tu deviens la personne capable de la recevoir.
Travaille sur toi-même.

Tu dois comprendre que, pour commencer une nouvelle vie, il te faut laisser l'ancienne complètement derrière toi. Sans cela, tu continueras de faire un pas en avant et deux en arrière.

Le jugement que tu portes sur les autres n'est que le reflet
de tes blessures encore ouvertes.
Prends le temps de les guérir.

Bien sûr que tu peux aimer sans te perdre.
Comment ?
En te donnant autant d'amour qu'à l'autre.

Choisis les personnes qui savent libérer du temps pour être avec toi sans même que tu n'aies besoin de le demander. Et non ceux que tu dois supplier pour le faire et qui t'accordent de l'attention uniquement quand ils n'ont rien d'autre de prévu.

Et s'il n'y avait pas de mauvaise personne ?
Tous les amours que tu as vécus étaient réels, ne les regrette pas. Tes déceptions et ton cœur brisé t'ont permis d'apprendre et de te préparer pour la personne faite pour toi. Ces moments t'ont permis de devenir plus fort(e) et de te battre pour toi-même.

Tu as, pendant longtemps, tellement donné aux autres, qu'il est normal que tu souhaites à présent te concentrer sur toi. Tu dois d'abord agir pour ton propre bien-être.

Certains ne t'aimeront pas, ne voudront pas construire avec toi, ne seront pas d'accord avec tes convictions, couperont les ponts… CE N'EST PAS GRAVE.

Souvent lorsque tout va bien dans ta vie tu penses que ce
n'est pas normal et que quelque chose va venir gâcher
ton bonheur.
En agissant ainsi, tu émets de l'énergie négative et invite
donc les soucis à entrer dans ta vie.
Cesse d'être négatif.
Autorise toi à être tout simplement heureu(x)(se) et à croire
que les bonnes choses peuvent devenir extraordinaires.

Tu n'es pas lié(e) à ton passé.
Tu n'es pas obligé(e) d'être la même personne qu'il y a un an, six mois, hier.
Tu n'es pas obligé(e) de reproduire les mêmes erreurs.
Tu peux vouloir des choses différentes, avoir envie de nouveaux horizons.
Tu n'es pas trop faible ni trop brisé(e).
Tu dois croire qu'il n'est jamais trop tard pour commencer, recommencer.

Parfois tout va mal.
Tu te retrouves à faire face à des ennuis en même temps : perte de travail, rupture, soucis financiers, problèmes familiaux etc. …
La vie est ainsi, un jour tout va bien et le lendemain tout peut être sens dessus dessous !
Considère-la comme une vague sur laquelle tu dois surfer. Tu dois constamment t'ajuster, trouver le bon équilibre, rester fort(e) mentalement et trouver des solutions pour continuer à glisser avec elle sans être emporté(e)au fond de l'océan par son tourbillon.

Souviens-toi que c'était ta décision de retourner dans ses
bras et dans cette situation.
Tu avais connaissance de tous les éléments quand
tu l'as fait.
Tu ne peux donc pas te plaindre, ni même rejeter la faute
sur qui que ce soit d'autre que toi.
Sois responsable de tes décisions.

Cesse de trouver un problème à chaque solution et commence à trouver une solution à chaque problème.

Nous avons été conditionnés à croire que certaines choses devaient uniquement se produire à certains moments de nos vies.
Tu dois prendre conscience que chacun doit vivre sa vie comme il le souhaite, nous sommes tous différents.
A 30 ans, certains sont parents, mariés, et évoluent depuis des années dans la société dans laquelle ils ont gravi les échelons; d'autres sont célibataires, voyagent, travaillent à leur compte; certains ne sont pas encore indépendants et vivent toujours chez leurs parents; d'autres sont étudiants … Peu importe …
Avance à ton propre rythme, celui qui te rend heureu(x)(se) et épanoui(e), sans t'imposer de règles qui ne te correspondent même pas.

Toutes les épreuves que tu as vécues jusqu'à aujourd'hui ont été faites pour te préparer à un moment futur.
Ne fais pas marche arrière pour te contenter de peu uniquement par impatience.

T'engager de nouveau avec une personne très rapidement après une rupture douloureuse n'est pas la solution.
Ne pense pas qu'en le faisant tu iras de l'avant, tu te sentiras mieux, car c'est tout le contraire.
Tu dois d'abord prendre le temps d'évacuer ta peine, frustration, colère et autres émotions causées par la rupture.
Sans cela, tu conserveras tes blessures encore ouvertes de relation en relation ce qui les gâchera et entrainera probablement que tu blesses à ton tour d'autres personnes.
La guérison est un processus.
Tu es obligé(e) de passer par différentes étapes pour y arriver.

Ne te méprends pas.
Une personne forte et indépendante souhaitera aussi toujours avoir du soutien et de l'amour.
Elle aura beau être heureuse et épanouie avec elle-même, elle souhaitera également, comme tout le monde, rencontrer quelqu'un qui rendra sa vie encore plus belle.
Ne la crains pas.
Bien au contraire, car sois certain(e) que ce genre de personne mettra tout en œuvre pour te rendre aussi heureu(x)(se) qu'elle l'est.

Choisis de vivre par choix et non par chance.
Choisis le changement et non les excuses.
Choisis la motivation et non la manipulation.
Choisis d'être utile et non d'être utilisé(e).
Choisis de changer le monde avec ton sourire et non de laisser le monde le changer.

Sache qu'à partir du moment où tu acceptes que personne n'a rien à te devoir, donc à te distancer de ton égo, tu seras capable de pardonner à ceux qui t'ont blessé(e).
Ce ne sera pas facile d'y parvenir mais accepte le défi, tu peux le faire.

Apprends à t'aimer sincèrement car c'est uniquement ainsi que les autres feront de même.
Montre leur comment faire.

Stop aux fausses excuses.
Lorsque tu trompes une personne peu importe la situation, contexte qui t'ont poussé(e) à le faire, l'unique raison de ton passage à l'acte est que tu le souhaitais.
Même si tu as pu ressentir du regret et de la culpabilité dès les premières secondes qui ont suivi. Le moment précédent tu étais conscient(e) de tes actes et tu le désirais sinon tu n'aurais rien fait.
Alors sois responsable et assume quand il s'agira de t'expliquer avec la personne que tu auras blessée.
Même si ce sera douloureux tu lui dois et te dois au moins cela pour pouvoir tirer des leçons de cette trahison.

De nombreux soucis pourraient être évités si nous apprenions à écouter pour comprendre ce qui est dit, au lieu d'écouter dans l'unique but de répondre trop rapidement avec des phrases toutes faites.

Arrête de penser qu'il/elle te doit des explications et que tu en as besoin pour avancer.
Pardonner commence par le fait d'accepter que personne n'a rien à te devoir.

Si les personnes avec lesquelles tu as mis des barrières pour ton bien-être, ne les respectent pas, et que tu continues de les laisser faire pensant qu'elles t'aiment, tu fais erreur.
Les personnes qui t'aiment, et pour lesquelles tu comptes réellement, souhaitent que tu te respectes et
t'aimes avant tout.
Ce que tu ne fais pas en continuant à les laisser interférer dans ta vie.

La vérité est que rien dans la vie, strictement rien,
n'est certain.
Cesse donc d'être constamment anxieu(x)(se).
Cela t'empêche d'avancer car tu crains l'avenir.
Tu ne pourras jamais le maitriser.
Il n'est donc pas nécessaire de t'en préoccuper.
Vis uniquement dans le présent, et tu verras que ton anxiété
disparaitra !

Éloigne-toi de ceux pour lesquels tu ne comptes pas.
Qui prennent tout de toi sans rien ne te donner.
Qui pensent que leur mauvais comportement à ton égard n'est pas un souci mais qui trouvent cela inadmissible que tu leur rendes la pareille.
Tu vaux tellement plus, prends en enfin conscience.

Tu te surpasses constamment pour les autres quand ils ne font rien pour toi ou pour eux-mêmes.
Tu leur tends ta main avant même qu'ils ne l'aient demandée.
Tu ressens de la culpabilité quand tu n'es pas capable d'aider.
Ton grand cœur t'a souvent amené(e) sur des chemins qui t'ont desservi(e).
Tu es une bonne personne comme il n'y en a pas beaucoup de nos jours.
Tu as passé ta vie à être présent(e) pour les autres.
Il est maintenant temps de l'être pour toi et tu n'as pas à te sentir coupable de cela…

Les mots n'ont aucun sens s'ils ne sont pas mis en action.
Souhaite que l'on te montre et te prouve de l'amour et pas juste qu'on te le dise.
L'amour est un comportement et pas juste un sentiment.
Ne l'oublie pas.

Apprends à te remercier.
Remercie-toi de n'avoir jamais abandonné, d'avoir cru en toi et surtout dans les moments durant lesquels tu étais seul(e) à le faire.
Remercie-toi d'avoir essayé même si ça n'a pas fonctionné.
Remercie- toi de faire ton possible chaque jour pour faire le bien et non le mal.
Remercie-toi, d'être toi !

Si tu aimes cette personne et le couple que vous formez, bats-toi, donne le meilleur de toi-même pour maintenir la relation.
Entretiens la flamme, gagne son cœur tous les jours.
Ne sois pas de ceux pour lesquels la rupture est l'unique solution, lorsque cela devient difficile.
Il y aura forcément des moments compliqués, des moments de doutes, des disputes, mais la séparation doit être le dernier recours.
Tu as de nombreuses options avant celle-ci, cesse de choisir la facilité.

Tout change quand tu prends conscience que tu dois d'abord t'aimer.
Tu seras alors débarassé(e) de cette énergie de désespoir, de ces pensées qui t'ont fait croire que tu avais besoin d'amour extérieur pour te construire.
Tu deviendras alors cette source d'amour qui n'attirera que le meilleur.

Cesse d'attendre une quelconque permission pour vivre. Arrête d'attendre anxieusement un miracle au lieu d'être celui-ci. Aie confiance en toi et bats-toi pour tes rêves même quand personne n'y croit.

Tu ne pourras rien accomplir sans confiance et estime de soi. Cesse de te dévaloriser et de te croire incapable, car rien de cela n'est vrai.

Et si, lorsqu'un couple se dispute, au lieu d'être en conflit l'un contre l'autre, ils ne devaient pas plutôt se battre l'un avec l'autre contre le problème ? …

Te retrouver face à la personne que tu aimes, en sachant que malgré tout l'amour que tu lui portes il est temps de t'en aller, est très difficile à faire.
Certains pensent même, impossible.
Pourtant tu en es capable.
Choisis de te construire et non de continuer à te détruire.

Sois une bonne personne mais ne perds pas ton temps à le prouver aux autres.

Tes relations avec les autres, quelles qu'elles soient; amicales, amoureuses, familiales … sont le miroir de ta relation avec toi-même.
Si tu t'aimes, tu aimes les autres.
Si tu te détestes tu détestes les autres.
Il est temps d'apprendre à t'aimer.

La meilleure des revanches est de ne pas te venger !
Avance et sois heureu(x)(se).

Trouve la personne avec laquelle tu auras ce but commun : pousser l'autre à vivre intensément.
Vous combinerez vos énergies, idées et efforts pour créer un lien basé sur le soutien et la compassion.

Quand une mauvaise pensée pointe le bout de son nez,
remplace-la par deux autres positives.
Essaie, tu n'as rien à perdre mais tout à y gagner.

En pardonnant à certains, tout en les laissant en dehors de ta vie, ils penseront que tu as juste de la rancune.
C'est faux, tu as uniquement retrouvé ta paix intérieure.
Ne la perds plus.

Ne remarques-tu pas que les personnes qui critiquent ce que tu as déjà accompli, ou es sur le point d'accomplir, sont uniquement celles qui n'ont jamais rien fait, ou bien qui se sont stoppées net au premier obstacle ?
Pourquoi devrais-tu alors prendre en compte ce qu'elles te disent ou pire être bléssé(e) par leurs propos ?
Ne choisis rien d'autre que l'ignorance et continue d'avancer.

Lorsque tu connais ta valeur tu ne perds pas ton temps à quémander l'attention de ceux qui ne souhaitent pas t'en donner. Tu sais que tu mérites bien mieux.

Tu ne peux pas « réparer » une personne.
Tu ne peux pas modifier l'image qu'elle a d'elle-même.
Tu ne peux pas arranger sa vie, ses problèmes et
ses relations.
C'est impossible même si tu y mets tout ton cœur et toute
ta volonté. Elle doit le faire elle-même.
Ta seule mission est d'être à ses côtés pour l'épauler et la
soutenir.

Il est temps que tu cesses d'être cette personne qui s'est excusée bien trop de fois, sans être en tort, uniquement car elle souhaitait que la situation s'arrange.
Ça suffit.
Arrête d'agir ainsi car d'autres ne sont pas capables d'être responsable de leurs actes.

Tu pensais que cette personne était acquise.
Tu as donc cessé tout effort pour l'aimer et entretenir la relation. Sans même que cela ne te préoccupe.
Tu n'as pas voulu prendre en compte ses alertes.
Puis un jour, elle a repris pour elle-même l'amour qu'elle te donnait.
Elle a pris le temps de se reconstruire.
Et plus tard, quelqu'un a su l'aimer comme tu n'as jamais pu le faire.
Ne refais pas cette erreur si tu rencontres celle/celui qui en vaut vraiment la peine. Prouve-lui chaque jour qu'elle/il est important(e) dans ta vie.

Tu as donné de nombreuses chances à cette personne en espérant qu'elle change.
Elle n'a rien fait.
Il est possible qu'elle n'ait, finalement, jamais été celle que tu pensais ou bien qu'elle ne se connaisse pas encore réellement.
Pars, pense à toi.
Tu auras essayé.

Être fort(e) ne signifie pas être tout le temps joyeu(x)(se), debout, heureu(x)(se), mais être capable de se relever encore et encore quand tu tombes sachant que tu deviendras plus fort(e) à chaque chute.
Les personnes fortes savent sourire même dans les moments difficiles car elles arrivent tout de même à y trouver de la gratitude.
Elles n'abandonnent jamais.
Sois l'une d'entre elles.

Sur ton chemin, il y a aura toujours des personnes qui t'attaqueront. Elles souhaiteront installer le doute en toi.
Te faire douter de ta valeur en te faisant croire qu'elles te donnent leur opinion objective.
Ne te méprends pas !
Leur unique but sera de te rabaisser.
Garde à l'esprit qu'elles feront cela car elles souhaiteront être à ta place; elles admirent la personne que tu es.
Alors laisse-les faire sans que cela ne t'affecte.

Construis avec la personne dont tu seras le/la premier(e) fan et qui sera le tien/la tienne.
Que chacun d'entre vous soit excité et célèbre les victoires de l'autre comme si c'était vos propres réussites.
Construis une relation basée sur l'entraide, le soutien et l'amour.

Sois à lui/elle, oui, mais sois d'abord à toi.
Confie-lui une partie de ton cœur. Celle qui n'aura comme principal objectif que de l'aimer et le/la soutenir.
Garde l'autre, elle prendra soin de toi en t'aimant et te soutenant dans tes passions et projets qui n'appartiennent qu'à toi.
Prends ton/ta partenaire en considération dans toutes tes prises de décision mais ne le/la laisse pas décider pour toi.
Partage avec lui/elle cette aventure.
Qu'il/elle soit le copilote de votre vie à deux mais sois l'unique pilote de la tienne.
Vos vies seront connectées et liées mais chacune d'elles devra garder sa part d'indépendance.

Ce n'est pas de ta faute.
Ça n'a jamais été ta responsabilité de changer cette personne, de lui apprendre à devenir adulte, à aimer.
Tu as fait ce que tu as pu, et c'était bien assez.
Il est temps d'arrêter de culpabiliser.

S'ils veulent partir, tiens leur la porte.

Si cette personne souhaite réellement être avec toi, elle fera tout pour que cela se produise.
Il n'y aura pas de jeux ni de sous-entendus.
Tu n'auras pas à relire, ou à te remémorer vos échanges pour y trouver une explication sensée.
Ses mots seront clairs et ses actions sans confusion.
Si elle souffle le chaud et le froid et insinue que tu lui plais sans jamais te le dire clairement, ne te voile pas la face, elle ne souhaite pas vraiment que tu fasses partie de sa vie, elle te garde uniquement comme option. Et le moment venu, elle décidera si elle souhaite aller plus loin ou non.
Tu n'es pas une option, dis-lui d'aller jouer ailleurs !
Tu mérites une personne sûre d'elle à propos de toi.

Trouve cette personne qui sait que tu n'es pas parfait(e)
mais qui te traite comme si c'était le cas.

Cesse de penser que tu n'es pas capable de faire telle ou telle chose.
Vois grand. Crois en tes capacités.
Si tu ne paries pas d'abord sur toi-même personne d'autre ne le fera.

Prendre soin de toi, t'aimer, faire de ton bonheur une priorité, n'est pas de l'égoïsme mais une nécessité.

Apprends à vouloir plutôt qu'à espérer.

Certains feront tout pour te provoquer, enclencher une réaction pour l'utiliser immédiatement contre toi.
Ne leur donne pas ce qu'ils cherchent désespérément.
Ne te rabaisse pas à cela.
Tu n'es pas obligé(e) de laisser la colère te contrôler.

Sois honnête avec toi-même et les autres.
Exprime ce que tu souhaites vraiment, ce qui raisonne réellement pour toi, et non pour les autres ou la société.
N'aie pas peur car c'est uniquement ainsi que tu obtiendras ce que tu désires.

Tu l'as toujours laissé(e) revenir dans ta vie quand il/elle l'avait décidé pour le/la laisser te briser un peu plus à chaque fois.
Tu dois apprendre à dire au revoir et à t'y tenir.
Tu en es plus que capable.

Sois vrai.
Tu attends des autres qu'ils le soient avec toi. Alors ne joue pas avec leurs sentiments. S'ils ne comptent plus pour toi, dis-leur. Ne les laisse pas lire entre les lignes. Ne prends pas la fuite sans leur donner d'explications.
Ils ne méritent pas non plus cela.

Qu'il/elle te manque ne signifie pas forcément que tu doives l'accueillir de nouveau dans ta vie.
Souviens-toi des raisons de votre séparation. Si la relation était toxique penses-tu réellement vouloir y retourner ?
Tu sais parfaitement, au fond de toi, que c'est une erreur et que les mêmes schémas se reproduiront.
Fais confiance à la vie.
Ce que tu mérites réellement est en chemin.
Ne sois pas impatient(e).

Sans même que tu n'agisses pour le/la faire revenir dans ta vie, une partie de toi conserve l'espoir qu'il/elle revienne. Il est temps de laisser filer cette idée qui t'empêche d'avancer.

Cesse cette fascination malsaine créée par les réseaux sociaux.
Ce sentiment de ne pas être et avoir assez est basé sur de fausses réalités.
Décide de récupérer ton pouvoir et arrête de suivre tous ces comptes.
Tu t'autodétruis, stop.

Ce ne sera pas facile mais tu dois arrêter de te demander « ce qui aurait pu être fait » ou « comment cela se serait passé si ».
Cesse de te blâmer pour ce qui n'a pas fonctionné.
Accepte la situation même si elle n'est pas celle que tu aurais souhaitée.
Ne laisse pas les regrets t'envahir car ils te consumeront et t'empêcheront de passer à autre chose.

Tu mérites un engagement franc et sincère, et non de fausses promesses.
Ne laisse jamais rien ni personne détruire ton bonheur qui t'as demandé tant d'efforts et de temps pour être celui qu'il est aujourd'hui.

Ton/ta partenaire n'est pas supposé(e) être en accord avec tout ce que tu penses, ressens ou fais.
Mais il/elle doit au moins prendre le temps d'essayer de te comprendre.

De toutes tes priorités, ta santé mentale doit arriver
en premier.
Ne te sens jamais coupable de devoir parfois faire une
pause afin de te reconnecter à toi-même.
Ces moments-là, tu en auras besoin tout au long de ta vie.

N'agis pas comme si ce n'était pas important alors que cela t'a brisé le cœur.
C'est ton premier pas vers la guérison.

Apprends à désapprendre.
Tu acquiers une réelle maturité d'esprit lorsque tu réalises que tu n'es pas obligé(e) d'expérimenter la vie telle qu'on te l'a enseignée depuis tout petit.
Il y a plein d'autres options pour toi.
Choisis celle qui te correspond le plus.

Et si au lieu de courir après les gens nous commencions d'abord par fixer des limites à ceux que nous autorisons à entrer dans nos vies.
Cela éviterait sûrement pas mal de déconvenues et de perte de temps.

Si tu souhaites t'engager clairement avec cette personne, dis-lui. Fais en sorte que cela soit clair au lieu d'avancer dans le flou.
Cesse de réprimer tes désirs par crainte de le/la faire fuir, cela n'a pas de sens.
Si cette personne souhaite partir une fois que tu lui auras exprimé ton envie et bien laisse la faire.
Elle n'aura pas les mêmes envies que toi alors à quoi bon vouloir la retenir ?

Arrête de t'attacher uniquement aux paroles et
concentre-toi sur les actes.
Choisis uniquement la personne qui ne te fera pas douter,
ne te mettra pas en compétition avec d'autres, mais
s'assurera uniquement que tu es en sécurité et aimé(e).

En te concentrant sur ce qu'il se passe à l'intérieur de toi au lieu de ce qu'il se passe autour de toi, en travaillant sur toi et ta paix intérieure, tu réaliseras qu'il n'est pas nécessaire de réagir à toutes les moindres petites choses qui t'embêtent. Tu vivras ainsi une vie bien plus heureuse et saine.

Tes anciennes relations ne sont pas des échecs.
Elles t'ont permis(e) de te rendre compte que vous n'étiez pas faits pour être ensemble.
Tout ceci est le processus naturel et nécessaire pour t'amener à ce qui te correspond réellement.
Alors ne regrette rien.

Si tu te sens blessé(e) par les propos ou actions de l'autre, indique-le lui.
Et si cette personne t'explique que tu n'aurais pas dû l'être car ce n'était pas ce qu'elle souhaitait. Si elle te le prouve et que de toute évidence les faits le démontrent également alors c'est que tu as juste mal compris et mal interprété.
Il faut donc que tu aies confiance en cette personne et que tu cesses de douter malgré ses explications.
Reconnais que tu as pu faire erreur et cesse de faire de ta vérité celle des autres s'ils prennent le temps de te prouver le contraire. Accepte et passe à autre chose.
Arrête de te sentir sans cesse attaqué(e) alors que ce n'est pas le cas.

Cesse de dire que tu es trop occupé(e) pour commencer ce nouveau projet, appeler cet ami, lire ce livre…
Cela n’a rien à voir avec le fait de ne pas avoir le temps mais est uniquement une question de priorités.
En commençant par accepter cela, tu deviendras responsable de tes actes au lieu d’utiliser de fausses excuses pour te décharger des choses que tu ne souhaites pas ou que tu as peur de faire.

Ne fuis pas les conversations qui te donnent un nœud à l'estomac à l'idée de les affronter.
Affronte-les, fais-le pour toi.
Obtiens les réponses que tu souhaites ou au moins exprime ta vérité.
Cela te libérera quand rester silencieu(x)(se) t'enfermera.

Apprends à avoir une haute estime de toi.
Sans cela il te sera difficile de croire en l'amour de l'autre.
Tu penseras ne pas être méritant(e).
Tu douteras sans cesse de l'amour de ton/ta partenaire, en lui rejetant la faute … à tort.
Tu prendras alors le risque de perdre une personne qui t'aime sincèrement et que tu aimes également.

Auteure

Après un parcours professionnel dans la communication, puis un passage dans le milieu de la mode au travers de la co-création d'une ligne de vêtements haut de gamme pour enfants, Karine Maboundou s'est finalement rendu compte que son quotidien devait servir à aider les autres. Oreille attentive auprès de ses proches, conseillère de ces derniers depuis toujours, la jeune femme a décidé d'utiliser ses qualités personnelles et les consacrer pleinement à la pratique du coaching en développement personnel et psychologie positive. En parallèle, elle écrit le livre Ris-Vis-Erre [Rivière], qui permet de remettre en question ses croyances et voir la vie sous un jour meilleur !

Les autres ouvrages de Kkimpa

« FLOW - Mon journal - » : Journal de bord, intime ou encore de gratitude. Ce support vous invite à utiliser l'écriture comme moyen d'échange avec vous-même, une prise de recul sur la vie que vous menez. Écrire le négatif pour l'évacuer et le positif pour l'ancrer, telle est sa mission.

« Je suis. » : 1 an après la sortie de Ris-Vis-Erre [Rivière], et de son inattendu grand succès ; l'auteure écrit ce nouvel ouvrage. A l'image du premier, il se compose de 123 pages de réflexions de vie pour continuer à vous accompagner dans votre développement personnel.

Pour plus d'infos, retours de lecture, extraits :

Instagram : @kkimpa

Printed in Great Britain
by Amazon

45000384R00120